THE RAVEN
LE CORBEAU

Edgar Allan Poe

French translation by

Charles Baudelaire

Illustrations by

Gustave Doré

BILINGUAL EDITION

Original texts and translations are in public domain
French translations by Charles Baudelaire from 1871

English translation for *The Genesis of a Poem* and *Composition Method*
by Obscura Edition

Cover and illustrations by Gustave Doré 1883

Portrait of Edgar Allan Poe - Unknown Author 1849
Restored by Yann Forget and Adam Cuerden
Derived from File: Edgar Allan Poe, circa 1849, restored.jpg
originally from http://www.getty.edu/art/gettyguide/artObjectDetails?artobj=39406

Obscura Éditions
2nd edition

Table of Contents

LA GENÈSE D'UN POËME

La poétique est faite, nous disait-on, et modelée d'après les poëmes. Voici un poëte qui prétend que son poëme a été composé d'après sa poétique. Il avait certes un grand génie et plus d'inspiration que qui que ce soit, si par inspiration on entend l'énergie, l'enthousiasme intellectuel, et la faculté de tenir ses facultés en éveil. Mais il aimait aussi le travail plus qu'aucun autre ; il répétait volontiers, lui, un original achevé, que l'originalité est chose d'apprentissage, ce qui ne veut pas dire une chose qui peut être transmise par l'enseignement. Le hasard et l'incompréhensible étaient ses deux grands ennemis. S'est-il fait, par une vanité étrange et amusante, beaucoup moins inspiré qu'il ne l'était naturellement ? A-t-il diminué la faculté gratuite qui était en lui pour faire la part plus belle à la volonté ? Je serais assez porté à le croire ; quoique cependant il faille ne pas oublier que son génie, si ardent et si agile qu'il fût, était passionnément épris d'analyse, de combinaisons et de calculs. Un de ses axiomes favoris était encore celui-ci : « Tout, dans un poëme comme dans un roman, dans un sonnet comme dans une nouvelle, doit concourir au dénoûment. Un bon auteur a déjà sa dernière ligne en vue quand il écrit la première. » Grâce à cette admirable méthode, le compositeur peut commencer son œuvre par la fin, et travailler, quand il lui plaît, à n'importe quelle partie. Les amateurs du *délire* seront peut-être révoltés par ces *cyniques* maximes ; mais chacun en peut prendre ce qu'il voudra. Il sera toujours utile de leur montrer quels bénéfices l'art peut tirer de la délibération, et de faire voir aux gens du monde quel labeur exige cet objet de luxe qu'on nomme Poésie.

Après tout, un peu de charlatanerie est toujours permis au génie, et même ne lui messied pas. C'est, comme le fard sur les pommettes d'une femme naturellement belle, un assaisonnement nouveau pour l'esprit.

THE GENESIS OF A POEM

Poetics is made, we were told, and modeled after poems. Here is a poet who claims that his poem was composed according to his poetics. He certainly had a great genius and more inspiration than anyone else, if by inspiration we mean energy, intellectual enthusiasm, and the ability to keep one's faculties awake. But he also loved the work more than anyone else; he willingly repeated, he, a perfect original, that originality is a thing of learning, which does not mean something that can be transmitted by teaching. Chance and the incomprehensible were its two great enemies. Did he, by some strange and amusing vanity, make himself much less inspired than he naturally was? Did he diminish the free faculty that was in him to make more of the will? I'd rather believe it; although, however, it should not be forgotten that his genius, however ardent and agile it was, was passionately enamored with analysis, combinations and calculations. One of his favorite axioms was still this: "Everything, in a poem as in a novel, in a sonnet as in a short story, must contribute to the denouement. A good author already has his last line in view when he writes the first." Thanks to this admirable method, the composer can begin his work at the end, and work, when he pleases, on any part. Fans of delirium *may be revolted by these* cynical *maxims; but everyone can take what they want. It will always be useful to show them what benefits art can derive from deliberation, and to show people of the world what labor this luxury item called Poetry requires.*

After all, a little charlatanry is always permitted in genius, and even does not please him. It is, like the blush on the cheekbones of a naturally beautiful woman, a new seasoning for the mind.

Poëme singulier entre tous. Il roule sur un mot mystérieux et profond, terrible comme l'infini, que des milliers de bouches crispées ont répété depuis le commencement des âges, et que par une triviale habitude de désespoir plus d'un rêveur a écrit sur le coin de sa table pour essayer sa plume : *Jamais plus !* De cette idée, l'immensité, fécondée par la destruction, est remplie du haut en bas, et l'Humanité, non abrutie, accepte volontiers l'Enfer, pour échapper au désespoir irrémédiable contenu dans cette parole.

Dans le moulage de la prose appliqué à la poésie, il y a nécessairement une affreuse imperfection ; mais le mal serait encore plus grand dans une singerie rimée. Le lecteur comprendra qu'il m'est impossible de lui donner une idée exacte de la sonorité profonde et lugubre, de la puissante monotonie de ces vers, dont les rimes larges et triplées sonnent comme un glas de mélancolie. C'est bien là le poëme de l'insomnie du désespoir ; rien n'y manque : ni la fièvre des idées, ni la violence des couleurs, ni le raisonnement maladif, ni la terreur radoteuse, ni même cette gaieté bizarre de la douleur qui la rend plus terrible. Écoutez chanter dans votre mémoire les strophes les plus plaintives de Lamartine, les rhythmes les plus magnifiques et les plus compliqués de Victor Hugo ; mêlez-y le souvenir des tercets les plus subtils et les plus compréhensifs de Théophile Gautier, — de *Ténèbres*, par exemple, ce chapelet de redoutables concetti sur la mort et le néant, où la rime triplée s'adapte si bien à la mélancolie obsédante, — et vous obtiendrez peut-être une idée approximative des talents de Poe en tant que versificateur ; je dis : en tant que versificateur, car il est superflu, je pense, de parler de son imagination.

Mais j'entends le lecteur qui murmure comme Alceste : « Nous verrons bien ! » — Voici donc le poëme :

C. B.

Singular poem among all. He rolls over a mysterious and profound word, terrible as infinity, which thousands of tense mouths have repeated since the beginning of the ages, and which by a trivial habit of despair more than one dreamer has written on the corner of his table. to try his pen: Nevermore! *With this idea, immensity, fertilized by destruction, is filled from top to bottom, and Humanity, not stupefied, willingly accepts Hell, to escape the irremediable despair contained in this word.*

In the molding of prose applied to poetry there is necessarily a dreadful imperfection; but the harm would be greater still in a rhyming antics. The reader will understand that it is impossible for me to give him an exact idea of the deep and lugubrious sonority, of the powerful monotony of these verses, whose broad and tripled rhymes sound like a knell of melancholy. This is indeed the poem of the insomnia of despair; nothing is missing: neither the fever of ideas, nor the violence of colors, nor sickly reasoning, nor doting terror, nor even that bizarre gaiety of pain which makes it more terrible. Listen to sing in your memory the most plaintive stanzas of Lamartine, the most magnificent and complicated rhythms of Victor Hugo; mingle with it the memory of the most subtle and comprehensive tercets of Théophile Gautier—from Ténèbres, *for example, that string of formidable concetti on death and nothingness, where the tripled rhyme adapts so well to the obsessive melancholy ,—and you may get a rough idea of Poe's talents as a versifier; I say: as a versifier, because it is superfluous, I think, to speak of his imagination.*

But I hear the reader whispering like Alceste, "We'll see!" — So here is the poem

The Raven

1845

Le Corbeau

ΑΝΑΓΚΗ

ONCE upon a midnight dreary, while I pondered, weak and weary,

Over many a quaint and curious volume of forgotten lore,
While I nodded, nearly napping, suddenly there came a tapping,
As of some one gently rapping, rapping at my chamber door.
"'Tis some visiter," I muttered, "tapping at my chamber door—
Only this, and nothing more."

« Une fois, sur le minuit lugubre, pendant que je méditais, faible et fatigué,

sur maint précieux et curieux volume d'une doctrine oubliée,
pendant que je donnais de la tête, presque assoupi, soudain il se fit un tapotement,
comme de quelqu'un frappant doucement, frappant à la porte de ma chambre.
« C'est quelque visiteur, — murmurai-je, — qui frappe à la porte de ma chambre ;
ce n'est que cela, et rien de plus. »

G. Doré

Ah, distinctly I remember it was in the bleak December,

And each separate dying ember wrought its ghost upon the floor.
Eagerly I wished the morrow;—vainly I had sought to borrow
From my books surcease of sorrow—sorrow for the lost Lenore—
For the rare and radiant maiden whom the angels name Lenore—
Nameless here for evermore.

Ah ! distinctement je me souviens que c'était dans le glacial décembre,

et chaque tison brodait à son tour le plancher du reflet de son agonie.
Ardemment je désirais le matin ; en vain m'étais-je efforcé de tirer
de mes livres un sursis à ma tristesse, ma tristesse pour ma Lénore perdue,
pour la précieuse et rayonnante fille que les anges nomment Lénore, —
et qu'ici on ne nommera jamais plus.

NEVERMORE

CLAUDIUS

And the silken sad uncertain rustling of each purple curtain
Thrilled me—filled me with fantastic terrors never felt before;
So that now, to still the beating of my heart, I stood repeating
"'Tis some visiter entreating entrance at my chamber door—
Some late visiter entreating entrance at my chamber door;—
This it is, and nothing more."

Et le soyeux, triste et vague bruissement des rideaux pourprés
me pénétrait, me remplissait de terreurs fantastiques, inconnues pour moi jusqu'à ce jour ;
si bien qu'enfin, pour apaiser le battement de mon cœur, je me dressai, répétant :
« C'est quelque visiteur qui sollicite l'entrée à la porte de ma chambre,
quelque visiteur attardé sollicitant l'entrée à la porte de ma chambre ; —
c'est cela même, et rien de plus. »

G. Doré

Presently my soul grew stronger; hesitating then no longer,

"Sir," said I, "or Madam, truly your forgiveness I implore;
But the fact is I was napping, and so gently you came rapping,
And so faintly you came tapping, tapping at my chamber door,
That I scarce was sure I heard you"—here I opened wide the door;——
Darkness there, and nothing more.

Mon âme en ce moment se sentit plus forte. N'hésitant donc pas plus longtemps :

« Monsieur, — dis-je, — ou madame, en vérité j'implore votre pardon ;
mais le fait est que je sommeillais, et vous êtes venu frapper si doucement,
si faiblement vous êtes venu taper à la porte de ma chambre,
qu'à peine étais-je certain de vous avoir entendu. » Et alors j'ouvris la porte toute grande ; —
les ténèbres, et rien de plus !

Deep into that darkness peering, long I stood there wondering, fearing,
Doubting, dreaming dreams no mortal ever dared to dream before;
But the silence was unbroken, and the darkness gave no token,
And the only word there spoken was the whispered word, "Lenore!"
This I whispered, and an echo murmured back the word, "Lenore!"
Merely this, and nothing more.

Scrutant profondément ces ténèbres, je me tins longtemps plein d'étonnement, de crainte,
de doute, rêvant des rêves qu'aucun mortel n'a jamais osé rêver ;
mais le silence ne fut pas troublé, et l'immobilité ne donna aucun signe,
et le seul mot proféré fut un nom chuchoté : « Lénore ! » —
C'était moi qui le chuchotais, et un écho à son tour murmura ce mot : « Lénore ! » —
Purement cela, et rien de plus.

Back into the chamber turning, all my soul within me burning,
Soon I heard again a tapping somewhat louder than before.
"Surely," said I, "surely that is something at my window lattice;
Let me see, then, what thereat is, and this mystery explore—
Let my heart be still a moment and this mystery explore;—
'Tis the wind and nothing more!"

Rentrant dans ma chambre, et sentant en moi toute mon âme incendiée,
j'entendis bientôt un coup un peu plus fort que le premier.
« Sûrement, — dis-je, — sûrement, il y a quelque chose aux jalousies de ma fenêtre ;
voyons donc ce que c'est, et explorons ce mystère.
Laissons mon cœur se calmer un instant, et explorons ce mystère ; —
c'est le vent, et rien de plus. »

Open here I flung the shutter, when, with many a flirt and flutter,
In there stepped a stately raven of the saintly days of yore;
Not the least obeisance made he; not an instant stopped or stayed he;
But, with mien of lord or lady, perched above my chamber door—
Perched upon a bust of Pallas just above my chamber door—
Perched, and sat, and nothing more.

Je poussai alors le volet, et, avec un tumultueux battement d'ailes,
entra un majestueux corbeau digne des anciens jours.
Il ne fit pas la moindre révérence, il ne s'arrêta pas, il n'hésita pas une minute ;
mais, avec la mine d'un lord ou d'une lady, il se percha au-dessus de la porte de ma chambre ;
il se percha sur un buste de Pallas juste au-dessus de la porte de ma chambre ; —
il se percha, s'installa, et rien de plus.

G. Doré

Then this ebony bird beguiling my sad fancy into smiling,

By the grave and stern decorum of the countenance it wore,
"Though thy crest be shorn and shaven, thou," I said, "art sure no craven,
Ghastly grim and ancient raven wandering from the Nightly shore—
Tell me what thy lordly name is on the Night's Plutonian shore!"
Quoth the raven, "Nevermore."

Alors cet oiseau d'ébène, par la gravité de son maintien et la sévérité de sa physionomie,

induisant ma triste imagination à sourire :
« Bien que ta tête, — lui dis-je, — soit sans huppe et sans cimier,
tu n'es certes pas un poltron, lugubre et ancien corbeau, voyageur parti des rivages de la nuit.
Dis-moi quel est ton nom seigneurial aux rivages de la Nuit plutonienne ! »
Le corbeau dit : « Jamais plus ! »

G. Doré

Much I marvelled this ungainly fowl to hear discourse so plainly,
Though its answer little meaning—little relevancy bore;
For we cannot help agreeing that no living human being
Ever yet was blessed with seeing bird above his chamber door—
Bird or beast upon the sculptured bust above his chamber door,
With such name as "Nevermore."

Je fus émerveillé que ce disgracieux volatile entendît si facilement la parole,
bien que sa réponse n'eût pas un bien grand sens et ne me fût pas d'un grand secours ;
car nous devons convenir que jamais il ne fut donné à un homme vivant
de voir un oiseau au-dessus de la porte de sa chambre,
un oiseau ou une bête sur un buste sculpté au-dessus de la porte de sa chambre,
se nommant d'un nom tel que Jamais plus !

But the raven, sitting lonely on the placid bust, spoke only
That one word, as if his soul in that one word he did outpour.
Nothing farther then he uttered—not a feather then he fluttered—
Till I scarcely more than muttered "Other friends have flown before—
On the morrow he will leave me, as my hopes have flown before."
Then the bird said "Nevermore."

Mais le corbeau, perché solitairement sur le buste placide, ne proféra que ce mot unique,
comme si dans ce mot unique il répandait toute son âme.
Il ne prononça rien de plus ; il ne remua pas une plume, —
jusqu'à ce que je me prisse à murmurer faiblement : « D'autres amis se sont déjà envolés loin de moi ;
vers le matin, lui aussi, il me quittera comme mes anciennes espérances déjà envolées. »
L'oiseau dit alors : « Jamais plus ! »

G. Doré

Startled at the stillness broken by reply so aptly spoken,

"Doubtless," said I, "what it utters is its only stock and store
Caught from some unhappy master whom unmerciful Disaster
Followed fast and followed faster till his songs one burden bore—
Till the dirges of his Hope that melancholy burden bore
Of 'Never—nevermore.'"

Tressaillant au bruit de cette réponse jetée avec tant d'à-propos :

« Sans doute, — dis-je, — ce qu'il prononce est tout son bagage de savoir,
qu'il a pris chez quelque maître infortuné que le Malheur impitoyable a poursuivi ardemment,
sans répit, jusqu'à ce que ses chansons n'eussent plus qu'un seul refrain,
jusqu'à ce que le De profundis de son Espérance eût pris ce mélancolique refrain :
Jamais, jamais plus !

But the raven still beguiling all my sad soul into smiling,
Straight I wheeled a cushioned seat in front of bird, and bust and door;
Then, upon the velvet sinking, I betook myself to linking
Fancy unto fancy, thinking what this ominous bird of yore—
What this grim, ungainly, ghastly, gaunt, and ominous bird of yore
Meant in croaking "Nevermore."

Mais, le corbeau induisant encore toute ma triste âme à sourire,
je roulai tout de suite un siège à coussins en face de l'oiseau et du buste et de la porte ;
alors, m'enfonçant dans le velours, je m'appliquai à enchaîner les idées aux idées,
cherchant ce que cet augural oiseau des anciens jours,
ce que ce triste, disgracieux, sinistre, maigre et augural oiseau des anciens jours
voulait faire entendre en croassant son Jamais plus !

This I sat engaged in guessing, but no syllable expressing
To the fowl whose fiery eyes now burned into my bosom's core;
This and more I sat divining, with my head at ease reclining
On the cushion's velvet lining that the lamplight gloated o'er,
But whose velvet violet lining with the lamplight gloating o'er,
She shall press, ah, nevermore!

Je me tenais ainsi, rêvant, conjecturant, mais n'adressant plus une syllabe à l'oiseau,
dont les yeux ardents me brûlaient maintenant jusqu'au fond du cœur ;
je cherchais à deviner cela, et plus encore, ma tête reposant à l'aise
sur le velours du coussin que caressait la lumière de la lampe,
ce velours violet caressé par la lumière de la lampe que sa tête,
à Elle, ne pressera plus, — ah ! jamais plus !

Then, methought, the air grew denser, perfumed from an unseen censer

Swung by angels whose faint foot-falls tinkled on the tufted floor.
"Wretch," I cried, "thy God hath lent thee—by these angels he hath sent thee
Respite—respite and nepenthe from thy memories of Lenore!
Quaff, oh quaff this kind nepenthe and forget this lost Lenore!"
Quoth the raven, "Nevermore."

Alors il me sembla que l'air s'épaississait, parfumé par un encensoir invisible

que balançaient des séraphins dont les pas frôlaient le tapis de la chambre.
« Infortuné ! — m'écriai-je, — ton Dieu t'a donné par ses anges,
il t'a envoyé du répit, du répit et du népenthès dans tes ressouvenirs de Lénore !
Bois, oh ! bois ce bon népenthès, et oublie cette Lénore perdue ! »
Le corbeau dit : « Jamais plus ! »

"Prophet!" said I, "thing of evil!—prophet still, if bird or devil!—
Whether Tempter sent, or whether tempest tossed thee here ashore,
Desolate yet all undaunted, on this desert land enchanted—
On this home by Horror haunted—tell me truly, I implore—
Is there—is there balm in Gilead?—tell me—tell me, I implore!"
Quoth the raven, "Nevermore."

« Prophète ! — dis-je, — être de malheur ! oiseau ou démon, mais toujours prophète !
que tu sois un envoyé du Tentateur, ou que la tempête t'ait simplement échoué,
naufragé, mais encore intrépide, sur cette terre déserte, ensorcelée,
dans ce logis par l'Horreur hanté, — dis-moi sincèrement, je t'en supplie,
existe-t-il, existe-t-il ici un baume de Judée ? Dis, dis, je t'en supplie ! »
Le corbeau dit : « Jamais plus ! »

"Prophet!" said I, "thing of evil—prophet still, if bird or devil!
By that Heaven that bends above us—by that God we both adore—
Tell this soul with sorrow laden if, within the distant Aidenn,
It shall clasp a sainted maiden whom the angels name Lenore—
Clasp a rare and radiant maiden whom the angels name Lenore."
Quoth the raven, "Nevermore."

« Prophète ! — dis-je, — être de malheur ! oiseau ou démon ! toujours prophète !

par ce Ciel tendu sur nos têtes, par ce Dieu que tous deux nous adorons,
dis à cette âme chargée de douleur si, dans le Paradis lointain,
elle pourra embrasser une fille sainte que les anges nomment Lénore,
embrasser une précieuse et rayonnante fille que les anges nomment Lénore. »
Le corbeau dit : « Jamais plus ! »

"Be that word our sign of parting, bird or fiend!" I shrieked, upstarting—

"Get thee back into the tempest and the Night's Plutonian shore!
Leave no black plume as a token of that lie thy soul hath spoken!
Leave my loneliness unbroken!—quit the bust above my door!
Take thy beak from out my heart, and take thy form from off my door!"
Quoth the raven, "Nevermore."

« Que cette parole soit le signal de notre séparation, oiseau ou démon ! — hurlai-je en me redressant. —

Rentre dans la tempête, retourne au rivage de la Nuit plutonienne ;
ne laisse pas ici une seule plume noire comme souvenir du mensonge que ton âme a proféré ;
laisse ma solitude inviolée ; quitte ce buste au-dessus de ma porte ;
arrache ton bec de mon cœur et précipite ton spectre loin de ma porte ! »
Le corbeau dit : « Jamais plus ! »

And the raven, never flitting, still is sitting, still is sitting
On the pallid bust of Pallas just above my chamber door;
And his eyes have all the seeming of a demon's that is dreaming,
And the lamp-light o'er him streaming throws his shadow on the floor;
And my soul from out that shadow that lies floating on the floor
Shall be lifted—nevermore!

Et le corbeau, immuable, est toujours installé, toujours installé
sur le buste pâle de Pallas, juste au-dessus de la porte de ma chambre ;
et ses yeux ont toute la semblance des yeux d'un démon qui rêve ;
et la lumière de la lampe, en ruisselant sur lui, projette son ombre sur le plancher ;
et mon âme, hors du cercle de cette ombre qui gît flottante sur le plancher,
ne pourra plus s'élever, — jamais plus !

Maintenant, voyons la coulisse, l'atelier, le laboratoire, le mécanisme intérieur, selon qu'il vous plaira de qualifier la *Méthode de composition.*

MÉTHODE DE COMPOSITION

Charles Dickens, dans une note que j'ai actuellement sous les yeux, parlant d'une analyse que j'avais faite du mécanisme de *Barnaby Rudge*, dit : « Savez-vous, soit dit en passant, que Godwin a écrit son *Caleb Williams* à rebours ? Il a commencé par envelopper son héros dans un tissu de difficultés, qui forment la matière du deuxième volume, et ensuite, pour composer le premier, il s'est mis à rêver aux moyens de légitimer tout ce qu'il avait fait. »

Il m'est impossible de croire que tel a été précisément le mode de composition de Godwin, et d'ailleurs ce qu'il en avoue lui-même n'est pas absolument conforme à l'idée de M. Dickens ; mais l'auteur de *Caleb Williams* était un trop parfait artiste pour ne pas apercevoir le bénéfice qu'on peut tirer de quelque procédé de ce genre. S'il est une chose évidente, c'est qu'un plan quelconque, digne du nom de plan, doit avoir été soigneusement élaboré en vue du dénoûment, avant que la plume attaque le papier. Ce n'est qu'en ayant sans cesse la pensée du dénoûment devant les yeux que nous pouvons donner à un plan son indispensable physionomie de logique et de causalité, — en faisant que tous les incidents, et particulièrement le ton général, tendent vers le développement de l'intention.

Il y a, je crois, une erreur radicale dans la méthode généralement usitée pour construire un conte. Tantôt l'histoire nous fournit une thèse ; tantôt l'écrivain se trouve inspiré par un incident contemporain ; ou bien, mettant les choses au mieux, il s'ingénie à combiner des événements surprenants, qui doivent former simplement la base de son récit, se promettant généralement d'introduire les descriptions, le dialogue ou son commentaire

Now, let's see the backstage, the workshop, the laboratory, the interior mechanism, according to whether you like to qualify the Method of composition.

COMPOSITION METHOD

Charles Dickens, in a note now before me, speaking of an analysis I had made of the Barnaby Rudge *mechanism, says: "Do you know, by the way, that Godwin wrote his* Caleb Williams *backwards ? He began by wrapping his hero in a web of difficulties, which form the material of the second volume, and then, to compose the first, he set about dreaming of ways to legitimize all that he had done. »*

It is impossible for me to believe that such was precisely Godwin's mode of composition, and moreover what he himself admits to it is not absolutely in accordance with Mr. Dickens' idea; but the author of Caleb Williams *was an artist too perfect not to see the benefit that can be derived from some process of this kind. If there is one thing that is obvious, it is that some plan, worthy of the name plan, must have been carefully worked out for the denouement, before the pen strikes the paper. It is only by having the thought of the denouement constantly before our eyes that we can give a shot its indispensable physiognomy of logic and causality—by making all the incidents, and particularly the general tone, tend towards the development of intention.*

There is, I believe, a radical error in the method generally used to construct a tale. Sometimes history provides us with a thesis; sometimes the writer finds himself inspired by a contemporary incident; or, at best, he contrives to combine startling events, which are simply to form the basis of his narrative, usually promising himself to introduce the descriptions, the dialogue, or his personal

personnel, partout où une crevasse dans le tissu de l'action lui en fournit l'opportunité.

Pour moi, la première de toutes les considérations, c'est celle d'un *effet* à produire. Ayant toujours en vue l'originalité (car il est traître envers lui-même, celui qui risque de se passer d'un moyen d'intérêt aussi évident et aussi facile), je me dis, avant tout : parmi les innombrables effets ou impressions que le cœur, l'intelligence ou, pour parler plus généralement, l'âme est susceptible de recevoir, quel est l'unique *effet* que je dois choisir dans le cas présent ? Ayant donc fait choix d'un sujet de roman et ensuite d'un vigoureux effet à produire, je cherche s'il vaut mieux le mettre en lumière par les incidents ou par le ton, — ou par des incidents vulgaires et un ton particulier, — ou par des incidents singuliers et un ton ordinaire, — ou par une égale singularité de ton et d'incidents ; — et puis, je cherche autour de moi, ou plutôt en moi-même, les combinaisons d'événements ou de tons qui peuvent être les plus propres à créer l'effet en question.

Bien souvent j'ai pensé combien serait intéressant un article écrit par un auteur qui voudrait, c'est-à-dire qui pourrait raconter, pas à pas, la marche progressive qu'a suivie une quelconque de ses compositions pour arriver au terme définitif de son accomplissement. Pourquoi un pareil travail n'a-t-il jamais été livré au public, il me serait difficile de l'expliquer ; mais peut-être la vanité des auteurs a-t-elle été, pour cette lacune littéraire, plus puissante qu'aucune autre cause. Beaucoup d'écrivains, particulièrement les poëtes, aiment mieux laisser entendre qu'ils composent grâce à une espèce de frénésie subtile, ou d'intuition extatique, et ils auraient positivement le frisson s'il leur fallait autoriser le public à jeter un coup d'œil derrière la scène, et à contempler les laborieux et indécis embryons de pensée, la vraie décision prise au dernier moment, l'idée si souvent entrevue comme dans un éclair et refusant si longtemps de se laisser voir en pleine lumière, la pensée pleinement mûrie et rejetée de désespoir comme étant d'une nature intraitable, le choix prudent et les rebuts, les douloureuses ratures et les interpolations, — en un mot, les

commentary, wherever a crevice in the fabric of the action provides him with the opportunity.

For me, the first of all considerations is that of an effect *to be produced. Always having originality in view (because he is a traitor to himself, he who risks doing without such an obvious and easy means of interest), I say to myself, above all: among the innumerable effects or impressions that the heart, the intellect or, speaking more generally, the soul is susceptible to receive, what is the only* effect *that I must choose in the present case? Having therefore made the choice of a subject for a novel and then of a vigorous effect to produce, I seek whether it is better to bring it to light by incidents or by tone—or by vulgar incidents and a particular tone, — or by singular occurrences and ordinary tone, — or by equal singularity of tone and incidents; — and then I search around me, or rather within myself, for the combinations of events or tones which may be most suitable for creating the effect in question.*

Very often I thought how interesting would be an article written by an author who would like, that is to say who could tell, step by step, the progressive march that any of his compositions followed to arrive at the definitive end. of its accomplishment. Why such a work has never been delivered to the public, it would be difficult for me to explain; but perhaps the vanity of the authors has been, for this literary deficiency, more powerful than any other cause. Many writers, especially poets, prefer to imply that they compose through a kind of subtle frenzy, or ecstatic intuition, and they would positively thrill if they had to allow the audience to take a peek. eye behind the scene, and to contemplate the laborious and undecided embryos of thought, the real decision taken at the last moment, the idea so often glimpsed as in a flash and so long refusing to let itself be seen in full light, the thought fully matured and rejected in desperation as intractable in nature, careful choice and scrap, painful erasures and interpolations, — in a word, the cogs and chains, the tricks for scenery changes,

rouages et les chaînes, les trucs pour les changements de décor, les échelles et les trappes, — les plumes de coq, le rouge, les mouches et tout le maquillage qui, dans quatre-vingt-dix-neuf cas sur cent, constituent l'apanage et le naturel de *l'histrion littéraire*.

Je sais, d'autre part, que le cas n'est pas commun où un auteur se trouve dans une bonne condition pour reprendre le chemin par lequel il est arrivé à son dénoûment. En général, les idées, ayant surgi pêle-mêle, ont été poursuivies et oubliées de la même manière.

Pour ma part, je ne partage pas la répugnance dont je parlais tout à l'heure, et je ne trouve pas la moindre difficulté à me rappeler la marche progressive de toutes mes compositions ; et puisque l'intérêt d'une telle analyse ou reconstruction, que j'ai considérée comme un *desideratum* en littérature, est tout à fait indépendant de tout intérêt réel supposé dans la chose analysée, on ne m'accusera pas de manquer aux convenances, si je dévoile le *modus operandi* grâce auquel j'ai pu construire l'un de mes propres ouvrages. Je choisis *le Corbeau* comme très-généralement connu. Mon dessein est de démontrer qu'aucun point de la composition ne peut être attribué au hasard ou à l'intuition, et que l'ouvrage a marché, pas à pas, vers sa solution avec la précision et la rigoureuse logique d'un problème mathématique.

Laissons de côté, comme ne relevant pas directement de la question poétique, la circonstance ou, si vous voulez, la nécessité d'où est née l'intention de composer un poëme qui satisfît à la fois le goût populaire et le goût critique.

C'est donc à partir de cette intention que commence mon analyse.

La considération primordiale fut celle de la dimension. Si un ouvrage littéraire est trop long pour se laisser lire en une seule séance, il faut nous résigner à nous priver de l'effet prodigieusement important qui résulte de l'unité d'impression ; car, si deux séances sont nécessaires, les affaires du monde s'interposent, et tout ce que nous appelons

ladders traps,—cock feathers, rouge, flies and all the make-up which, in ninety-nine cases out of a hundred, constitutes the prerogative and the naturalness of the literary histrion.

I know, on the other hand, that the case is not common where an author is in a good condition to resume the path by which he arrived at his denouement. In general, ideas, having arisen higgledy-piggledy, have been pursued and forgotten alike.

For my part, I do not share the repugnance of which I spoke just now, and I do not find the slightest difficulty in remembering the progressive march of all my compositions; and since the interest of such an analysis or reconstruction, which I have considered as a desideratum *in literature, is quite independent of any real interest supposed in the thing analyzed, I will not be accused of lacking propriety, if I reveal the* modus operandi *thanks to which I was able to build one of my own works. I choose* the Raven *as very generally known. My purpose is to demonstrate that no point in the composition can be attributed to chance or intuition, and that the work has moved, step by step, towards its solution with the precision and rigorous logic of a problem. Mathematical.*

Let us leave aside, as not directly pertaining to the poetic question, the circumstance or, if you will, the necessity from which was born the intention of composing a poem which would satisfy both popular and critical taste.

It is therefore from this intention that my analysis begins.

The primary consideration was the size. If a literary work is too long to be read in one sitting, we must resign ourselves to depriving ourselves of the prodigiously important effect which results from the unity of impression; for, if two sittings are necessary, the affairs of the world interfere, and all that we call the whole, totality, is destroyed at

l'ensemble, totalité, se trouve détruit du coup. Mais, puisque, *cæteris paribus*, aucun poëte ne peut se priver de tout ce qui concourra à servir son dessein, il ne reste plus qu'à examiner si, dans l'étendue, nous trouverons un avantage quelconque compensant cette perte de l'unité qui en résulte. Et tout d'abord je dis : Non. Ce que nous appelons un long poëme n'est, en réalité, qu'une succession de poëmes courts, c'est-à-dire d'effets poétiques brefs. Il est inutile de dire qu'un poëme n'est un poëme qu'en tant qu'il élève l'âme et lui procure une excitation intense ; et, par une nécessité psychique, toutes les excitations intenses sont de courte durée. C'est pourquoi la moitié au moins du *Paradis perdu* n'est que pure prose, n'est qu'une série d'excitations poétiques parsemées *inévitablement* de dépressions correspondantes, tout l'ouvrage étant privé, à cause de son excessive longueur, de cet élément artistique si singulièrement important : totalité ou unité d'effet.

Il est donc évident qu'il y a, en ce qui concerne la dimension, une limite positive pour tous les ouvrages littéraires, — c'est la limite d'une seule séance ; — et, quoique, en de certains ordres de compositions en prose, telles que *Robinson Crusoé*, qui ne réclament pas l'unité, cette limite puisse être avantageusement dépassée, il n'y aura jamais profit à la dépasser dans un poëme. Dans cette limite même, l'étendue d'un poëme doit se trouver en rapport mathématique avec le mérite dudit poëme, c'est-à-dire avec l'élévation ou l'excitation qu'il comporte, en d'autres termes encore, avec la quantité de véritable effet poétique dont il peut frapper les âmes ; il n'y a à cette règle qu'une seule condition restrictive, c'est qu'une certaine quantité de durée est absolument indispensable pour la production d'un effet quelconque.

Gardant bien ces considérations présentes à mon esprit, ainsi que ce degré d'excitation que je ne plaçais pas au-dessus du goût populaire non plus qu'au-dessous du critique, je conçus tout d'abord l'idée de la longueur convenable de mon poëme projeté, une longueur de cent vers environ. Or, il n'en a, en réalité, que cent huit.

once. But, since, ceteris paribus, *no poet can deprive himself of everything that will contribute to serving his purpose, it only remains to examine whether, in the extent, we will find any advantage whatsoever compensating for this loss of unity. resulting. And first of all I say: No. What we call a long poem is, in reality, only a succession of short poems, that is to say of brief poetic effects. Needless to say, a poem is a poem only insofar as it elevates the soul and gives it intense excitement; and, by a psychic necessity, all intense excitations are of short duration. This is why at least half of* Lost Paradise *is only pure prose, is only a series of poetic excitations* inevitably *interspersed with corresponding depressions, the whole work being deprived, because of its excessive length, of that singularly important artistic element: totality or unity of effect.*

It is therefore evident that there is, with regard to size, a positive limit for all literary works, — it is the limit of a single sitting; — and, although in certain orders of prose compositions, such as Robinson Crusoe, *which do not require unity, this limit may advantageously be exceeded, there will never be any profit in exceeding it in a poem. Within this very limit, the extent of a poem must be in mathematical relation with the merit of the said poem, that is to say with the elevation or the excitement that it involves, in other words still. , with the amount of true poetic effect with which it can strike souls_; There is only one restrictive condition to this rule, which is that a certain amount of duration is absolutely indispensable for the production of any effect whatever.*

Keeping these considerations well in mind, as well as that degree of excitement which I did not place above popular taste or below criticism, I first conceived the idea of the suitable length. of my projected poem, a length of about a hundred lines. However, there are, in reality, only one hundred and eight.

Ma pensée ensuite s'appliqua au choix d'une impression ou d'un effet à produire ; et ici je crois qu'il est bon de faire observer que, à travers ce labeur de construction, je gardai toujours présent à mes yeux le dessein de rendre l'œuvre *universellement* appréciable. Je serais emporté beaucoup trop loin de mon sujet immédiat, si je m'appliquais à démontrer un point sur lequel j'ai insisté nombre de fois, à savoir, que le Beau est le seul domaine légitime de la poésie. Je dirai cependant quelques mots pour l'élucidation de ma véritable pensée, que quelques-uns de mes amis se sont montrés trop prompts à travestir. Le plaisir qui est à la fois le plus intense, le plus élevé et le plus pur, ce plaisir-là ne se trouve, je crois, que dans la contemplation du Beau. Quand les hommes parlent de Beauté, ils entendent, non pas précisément une qualité, comme on le suppose, mais une impression ; bref, ils ont justement en vue cette violente et pure élévation de l'*âme*, — non pas de l'intellect, non plus que du cœur, — que j'ai déjà décrite, et qui est le résultat de la contemplation du Beau. Or, je désigne la Beauté comme le domaine de la poésie, parce que c'est une règle évidente de l'Art que les effets doivent nécessairement naître de causes directes, que les objets doivent être conquis par les moyens qui sont le mieux appropriés à la conquête desdits objets, — aucun homme ne s'étant encore montré assez sot pour nier que l'élévation singulière dont je parle soit plus facilement à la portée de la Poésie. Or, l'objet Vérité, ou satisfaction de l'intellect, et l'objet Passion, ou excitation du cœur, sont, — quoiqu'ils soient aussi, dans une certaine mesure, à la portée de la poésie — beaucoup plus faciles à atteindre par le moyen de la prose. En somme, la Vérité réclame une précision, et la Passion une *familiarité* (les hommes vraiment passionnés me comprendront), absolument contraires à cette Beauté qui n'est autre chose, je le répète, que l'excitation ou le délicieux enlèvement de l'âme. De tout ce qui a été dit jusqu'ici, il ne suit nullement que la passion, ou même la vérité, ne puisse être introduite, et même avec profit, dans un poëme ; car elles peuvent servir à élucider ou à augmenter l'effet général, comme les dissonances en musique, par contraste ; mais le véritable artiste s'efforcera toujours, d'abord de les réduire à un rôle favorable au but principal poursuivi, et ensuite de les envelopper, autant qu'il le pourra, dans ce nuage de beauté qui est

My thought then applied itself to the choice of an impression or effect to be produced; and here I think it well to observe that, throughout this labor of construction, I kept ever present in my eyes the design of rendering the work universally *appreciable. I would be taken much too far from my immediate subject if I applied myself to demonstrating a point on which I have insisted many times, namely, that Beauty is the only legitimate domain of poetry. I will, however, say a few words for the elucidation of my true thought, which some of my friends have been too quick to misrepresent. The pleasure which is at the same time the most intense, the highest and the purest, this pleasure is found, I believe, only in the contemplation of Beauty. When men speak of Beauty, they mean, not precisely a quality, as is supposed, but an impression; in short, they have precisely in view that violent and pure elevation of the* soul *— not of the intellect, no more than of the heart — which I have already described, and which is the result of the contemplation of the Beautiful. Now, I designate Beauty as the domain of poetry, because it is an obvious rule of Art that effects must necessarily arise from direct causes, that objects must be conquered by the means which are best suited to the conquest of the said objects—no man having yet shown himself so foolish as to deny that the singular elevation of which I speak is more easily within the reach of Poetry. Now, the object Truth, or satisfaction of the intellect, and the object Passion, or excitation of the heart, are—although they are also, to a certain extent, within the reach of poetry—much easier to reach by means of prose. In short, Truth calls for precision, and Passion for* familiarity *(truly passionate men will understand me), absolutely contrary to that Beauty which is nothing else, I repeat, than the excitement or the delicious rapture of the soul. From all that has been said hitherto, it by no means follows that passion, or even truth, cannot be introduced, and even profitably, into a poem; for they may serve to elucidate or heighten the general effect, like dissonances in music, by contrast; but the true artist will always strive, first to reduce them to a role favorable to the main aim pursued, and then to envelop them, as much as he can, in that cloud of beauty which is the*

l'atmosphère et l'essence de la poésie.

Regardant conséquemment le Beau comme ma province, quel est, me dis-je alors, le *ton* de sa plus haute manifestation ; tel fut l'objet de ma délibération suivante. Or, toute l'expérience humaine confesse que ce ton est celui de la tristesse. Une beauté de n'importe quelle famille, dans son développement suprême, pousse inévitablement aux larmes une âme sensible. La mélancolie est donc le plus légitime de tous les tons poétiques.

La dimension, le domaine et le ton étant ainsi déterminés, je me mis à la recherche, par la voie de l'induction ordinaire, de quelque curiosité artistique et piquante, qui me pût servir comme de clef dans la construction du poëme, — de quelque pivot sur lequel pût tourner toute la machine. Méditant soigneusement sur tous les effets d'art connus, ou plus proprement sur tous les moyens d'*effet*, le mot étant entendu dans le sens scénique, je ne pouvais m'empêcher de voir immédiatement qu'aucun n'avait été plus généralement employé que celui du *refrain*. L'universalité de son emploi suffisait pour me convaincre de sa valeur intrinsèque et m'épargnait la nécessité de le soumettre à l'analyse. Je ne le considérai toutefois qu'en tant que susceptible de perfectionnement, et je vis bientôt qu'il était encore dans un état primitif. Tel qu'on en use communément, le refrain non-seulement est limité aux vers lyriques, mais encore la vigueur de l'impression qu'il doit produire dépend de la puissance de la monotonie dans le son et dans la pensée. Le plaisir est tiré uniquement de la sensation d'identité, de répétition. Je résolus de varier l'effet, pour l'augmenter, en restant généralement fidèle à la monotonie du son, pendant que j'altérerais continuellement celle de la pensée ; c'est-à-dire que je me promis de produire une série continue d'effets nouveaux par une série d'applications variées du refrain, le refrain en lui-même restant presque toujours semblable.

Ces points établis, je m'inquiétai ensuite de la *nature* de mon refrain. Puisque l'application en devait être fréquemment variée, il est clair que ce refrain devait lui-même être bref ; car il y aurait eu une

atmosphere and the essence of poetry.

Considering the Beautiful consequently as my province, what is, I think then, the tone *of its highest manifestation; such was the object of my next deliberation. Now, all human experience confesses that this tone is that of sadness. A beauty of any family, in its supreme development, inevitably drives a sensitive soul to tears. Melancholy is therefore the most legitimate of all poetic tones.*

The dimension, the domain and the tone being thus determined, I set myself to the search, by the way of ordinary induction, of some artistic and piquant curiosity, which could serve me as a key in the construction of the poem, - of some pivot on which the whole machine could turn. Meditating carefully on all known effects of art, or more properly on all means of effect, *the word being understood in the scenic sense, I could not help seeing immediately that none had been more generally employed. Than that of the* chorus. *The universality of its use sufficed to convince me of its intrinsic value and spared me the necessity of subjecting it to analysis. I considered it, however, only as capable of improvement, and I soon saw that it was still in a primitive state. As commonly used, the refrain is not only limited to lyrical verse, but the vigor of the impression which it must produce depends on the power of monotony in sound and thought. Pleasure is drawn solely from the feeling of identity, of repetition. I resolved to vary the effect, to increase it, remaining generally faithful to the monotony of sound, while continually altering that of thought; that is to say, I promised myself to produce a continuous series of new effects by a series of varied applications of the refrain, the refrain itself remaining almost always the same.*

These points established, I then worried about the nature *of my refrain. Since its application was to be frequently varied, it is clear that this refrain itself was to be brief; for there would have been an*

insurmontable difficulté à varier fréquemment les applications d'une phrase un peu longue. La facilité de variation serait naturellement en proportion de la brièveté de la phrase. Cela me conduisit tout de suite à prendre un mot unique comme le meilleur refrain.

Alors s'agita la question relative au *caractère* de ce mot. Ayant arrêté dans mon esprit qu'il y aurait un refrain, la division du poëme en stances apparaissait comme un corollaire nécessaire, le refrain formant la conclusion de chaque stance. Que cette conclusion, cette chute, pour avoir de la force, dût nécessairement être sonore et susceptible d'une emphase prolongée, cela n'admettait pas le doute, et ces considérations me menèrent inévitablement à l'*o* long, comme étant la voyelle la plus sonore, associé à l'*r*, comme étant la consonne la plus vigoureuse.

Le son du refrain étant bien déterminé, il devenait nécessaire de choisir un mot qui renfermât ce son, et qui, en même temps, fût dans le plus complet accord possible avec cette mélancolie que j'avais adoptée comme ton général du poëme. Dans une pareille enquête, il eût été absolument impossible de ne pas tomber sur le mot *nevermore*, — *jamais plus*. En réalité, il fut le premier qui se présenta à mon esprit.

Le *desideratum* suivant fut : Quel sera le prétexte pour l'usage continu du mot unique *jamais plus ?* Observant la difficulté que j'éprouvais à trouver une raison plausible et suffisante pour cette répétition continue, je ne manquai pas d'apercevoir que cette difficulté surgissait uniquement de l'idée préconçue que ce mot, si opiniâtrement et monotonement répété, devait être proféré par un être *humain ;* qu'en somme la difficulté consistait à concilier cette monotonie avec l'exercice de la raison dans la créature chargée de répéter le mot. Alors se dressa tout de suite l'idée d'une créature non raisonnable et cependant douée de parole, et très-naturellement un perroquet se présenta d'abord ; mais il fut immédiatement dépossédé par un corbeau, celui-ci étant également doué de parole et infiniment plus en accord avec le *ton* voulu.

insurmountable difficulty in frequently varying the applications of a somewhat long sentence. The ease of variation would naturally be in proportion to the shortness of the sentence. This immediately led me to pick a single word as the best chorus.

Then arose the question relative to the character *of this word. Having fixed in my mind that there would be a refrain, the division of the poem into stanzas appeared as a necessary corollary, the refrain forming the conclusion of each stanza. That this conclusion, this fall, to have force, must necessarily be sonorous and susceptible of prolonged emphasis, admitted no doubt, and these considerations led me inevitably to the long* o, *as being the longest vowel. More sonorous, associated with the* r, *as being the most vigorous consonant.*

The sound of the refrain being well determined, it became necessary to choose a word which contained this sound, and which, at the same time, was in the most complete possible accord with this melancholy which I had adopted as the general tone of the poem. In such an investigation, it would have been absolutely impossible not to come across the word nevermore. *In fact, he was the first that came to my mind.*

The next desideratum *was: What will be the pretext for the continued use of the single word* nevermore*? Observing the difficulty I had in finding a plausible and sufficient reason for this continuous repetition, I did not fail to perceive that this difficulty arose solely from the preconceived idea that this word, so obstinately and monotonously repeated, must be uttered by a* human *; that in short the difficulty consisted in reconciling this monotony with the exercise of reason in the creature charged with repeating the word. Then immediately arose the idea of an unreasonable creature, yet capable of speech, and very naturally a parrot presented itself first; but he was immediately dispossessed by a raven, this one being equally gifted with speech and infinitely more in tune with the desired* tone.

J'étais donc enfin arrivé à la conception d'un corbeau, — le corbeau, oiseau de mauvais augure ! — répétant opiniâtrement le mot *Jamais plus* à la fin de chaque stance dans un poëme d'un ton mélancolique et d'une longueur d'environ cent vers. Alors, ne perdant jamais de vue le superlatif ou la perfection dans tous les points, je me demandai : De tous les sujets mélancoliques, quel est *le plus* mélancolique selon l'intelligence *universelle* de l'humanité ? — La Mort, réponse inévitable. — Et quand, me dis-je, ce sujet, le plus mélancolique de tous, est-il le plus poétique ? — D'après ce que j'ai déjà expliqué assez amplement, on peut facilement deviner la réponse : — C'est quand il s'allie intimement à la Beauté. Donc, la *mort* d'une *belle femme* est incontestablement le plus poétique sujet du monde, et il est également hors de doute que la bouche la mieux choisie pour développer un pareil thème est celle d'un amant privé de son trésor.

J'avais dès lors à combiner ces deux idées : un amant pleurant sa maîtresse défunte, et un corbeau répétant continuellement le mot *Jamais plus*. Il fallait les combiner, et avoir toujours présent à mon esprit le dessein de varier à chaque fois l'application du mot répété ; mais le seul moyen possible pour une pareille combinaison était d'imaginer un corbeau se servant du mot dont il s'agit pour répondre aux questions de l'amant. Et ce fut alors que je vis tout de suite toute la facilité qui m'était offerte pour l'effet auquel mon poëme était suspendu, c'est-à-dire l'effet à produire par la variété dans l'application du refrain. Je vis que je pouvais faire prononcer la première question par l'amant, — la première à laquelle le corbeau devait répondre : *Jamais plus*, — que je pouvais faire de la première question une espèce de lieu commun, — de la seconde quelque chose de moins commun, — de la troisième quelque chose de moins commun encore, et ainsi de suite, jusqu'à ce que l'amant, à la longue tiré de sa nonchalance par le caractère mélancolique du mot, par sa fréquente répétition, et par le souvenir de la réputation sinistre de l'oiseau qui le prononce, se trouvât agité par une excitation superstitieuse et lançât follement des questions d'un caractère tout différent, des questions passionnément intéressantes pour son cœur ;

So at last I had arrived at the conception of a raven—the raven, bird of ill omen! — stubbornly repeating the word Nevermore *at the end of each stanza in a poem of a melancholy tone and about a hundred lines in length. So, never losing sight of the superlative or perfection in every point, I asked myself: Of all melancholy subjects, which is the* most *melancholic according to the* universal *intelligence of mankind? — Death, inevitable answer. — And when, I think to myself, is this subject, the most melancholic of all, the most poetic? — From what I have already explained quite amply, one can easily guess the answer: — It is when it becomes intimately allied with Beauty. Therefore, the* death *of a* beautiful woman *is unquestionably the most poetic subject in the world, and it is equally beyond doubt that the mouth best chosen to develop such a theme is that of a lover deprived of his treasure.*

I therefore had to combine these two ideas: a lover mourning his dead mistress, and a raven continually repeating the word Nevermore. *I had to combine them, and always have in my mind the design of varying each time the application of the repeated word; but the only possible way for such a combination was to imagine a raven using the word in question to answer the lover's questions. And it was then that I immediately saw all the ease offered to me for the effect on which my poem was suspended, that is to say, the effect to be produced by the variety in the application of the refrain. I saw that I could make the first question uttered by the lover,—the first to which the raven had to answer:* Nevermore,*—that I could make the first question a kind of platitude,—the second something less common, — of the third something still less common, and so on, until the lover, at length drawn from his nonchalance by the melancholy character of the word, by its frequent repetition, and by the remembering the sinister reputation of the bird that utters it, found himself stirred with superstitious excitement, and madly tossed questions of quite a different character, questions passionately interesting to his heart; —*

— questions, faites moitié dans un sentiment de superstition, et moitié dans ce désespoir singulier qui puise une volupté dans sa torture ; — non pas seulement parce que l'amant croit au caractère prophétique ou démoniaque de l'oiseau (qui, la raison le lui démontre, ne fait que répéter une leçon apprise par routine), mais parce qu'il éprouve une volupté frénétique à formuler ainsi ses questions et à recevoir du *Jamais plus* toujours attendu une blessure répétée d'autant plus délicieuse qu'elle est plus insupportable. Voyant donc cette facilité qui m'était offerte, ou, pour mieux dire, qui s'imposait à moi dans le progrès de ma construction, j'arrêtai d'abord la question finale, la question suprême à laquelle le *Jamais plus* devait, en dernier lieu, servir de réponse, — cette question à laquelle le *Jamais plus* fait la réplique la plus désespérée, la plus pleine de douleur et d'horreur qui se puisse concevoir.

Ici donc je puis dire que mon poëme avait trouvé son commencement, — par la fin, comme devraient commencer tous les ouvrages d'art ; — car ce fut alors, juste à ce point de mes considérations préparatoires, que, pour la première fois, je posai la plume sur le papier pour composer la stance suivante :

« Prophète ! — dis-je, — être de malheur ! oiseau ou démon ! toujours prophète ! par ce Ciel tendu sur nos têtes, par ce Dieu que tous deux nous adorons, dis à cette âme chargée de douleur si, dans le Paradis lointain, elle pourra embrasser une fille sainte que les anges nomment Lénore, embrasser une précieuse et rayonnante fille que les anges nomment Lénore. » Le corbeau dit : « Jamais plus ! »

Ce fut alors seulement que je composai cette stance, d'abord pour établir le degré suprême et pouvoir ainsi, plus à mon aise, varier et graduer, selon leur sérieux et leur importance, les questions précédentes de l'amant, et, en second lieu, pour arrêter définitivement le rhythme, le mètre, la longueur et l'arrangement général de la stance, ainsi que graduer les stances qui devaient précéder, de façon qu'aucune ne pût surpasser cette dernière par son effet rhythmique. Si j'avais été assez imprudent, dans le travail de composition qui devait

questions, made half in a feeling of superstition, and half in that singular despair which draws a pleasure from its torture; — not only because the lover believes in the prophetic or demonic character of the bird (which, reason shows him, is only repeating a lesson learned by routine), but because he experiences a frantic pleasure in formulating thus his questions and to receive from the Nevermore *always awaited a repeated wound all the more delicious as it is more unbearable. Seeing then this facility which was offered to me, or, to put it better, which imposed itself on me in the progress of my construction, I first settled on the final question, the supreme question to which* Nevermore *owed, in lastly, to serve as an answer—that question to which* Nevermore *makes the most desperate reply, the most full of pain and horror that can be imagined.*

Here, then, I may say that my poem had found its beginning—at the end, as all works of art should begin; — for it was then, just at this point in my preparatory considerations, that for the first time I laid pen to paper to compose the following stanza:

"Prophet!" said I, "thing of evil—prophet still, if bird or devil!
By that Heaven that bends above us—by that God we both adore—
Tell this soul with sorrow laden if, within the distant Aidenn,
It shall clasp a sainted maiden whom the angels name Lenore—
Clasp a rare and radiant maiden whom the angels name Lenore."
Quoth the raven, "Nevermore."

It was only then that I composed this stanza, first to establish the supreme degree and thus be able, more at my ease, to vary and graduate, according to their seriousness and their importance, the previous questions of the lover, and, secondly place, to fix definitively the rhythm, the meter, the length and the general arrangement of the stanza, as well as to graduate the stanzas which were to precede, so that none could surpass the latter by its rhythmic effect. If I had been imprudent enough, in the work of composition which was to follow, to

suivre, pour construire des stances plus vigoureuses, *je me serais appliqué, délibérément et sans scrupule, à les affaiblir,* de manière à ne pas contrarier l'effet du *crescendo*.

Je pourrais aussi bien placer ici quelques mots sur la versification. Mon premier but était (comme toujours) l'originalité. Jusqu'à quel point la question de l'originalité en versification a été négligée, c'est une des choses du monde les plus inexplicables. En admettant qu'il y ait peu de variété possible dans le rhythme pur, toujours est-il évident que les variétés possibles de mètre et de stance sont absolument infinies, — et toutefois, pendant des siècles, aucun homme n'a jamais fait, en versification, ou même n'a jamais paru vouloir faire quoi que ce soit d'original. Le fait est que l'originalité (excepté dans des esprits d'une force tout à fait insolite) n'est nullement, comme quelques-uns le supposent, une affaire d'instinct ou d'intuition. Généralement, pour la trouver, il faut la chercher laborieusement, et, bien qu'elle soit un mérite positif du rang le plus élevé, c'est moins l'esprit d'invention que l'esprit de négation qui nous fournit les moyens de l'atteindre.

Il va sans dire que je ne prétends à aucune originalité dans le rhythme ou dans le mètre du *Corbeau*. Le premier est trochaïque ; le second se compose d'un vers octomètre acatalectique, alternant avec un heptamètre catalectique, — qui, répété, devient refrain au cinquième vers, — et se termine par un tétramètre catalectique. Pour parler sans pédanterie, les pieds employés, qui sont des trochées, consistent en une syllabe longue suivie d'une brève : le premier vers de la stance est fait de huit pieds de cette nature ; le second de sept et demi ; le troisième, de huit ; le quatrième, de sept et demi ; le cinquième, de sept et demi également ; le sixième, de trois et demi. Or, chacun de ces vers, pris isolément, a déjà été employé, et toute l'originalité du *Corbeau* consiste à les avoir combinés dans la même stance ; rien de ce qui peut ressembler, même de loin, à cette combinaison, n'a été tenté jusqu'à présent. L'effet de cette combinaison originale est augmenté par quelques autres effets inusités et absolument nouveaux, tirés d'une application plus étendue de la rime et de l'allitération.

construct more vigorous stanzas, I would have endeavored, deliberately and without scruple, to weaken them, *so as not to thwart the effect of the* crescendo.

I might as well place a few words here on versification. My first goal was (as always) originality. How far the question of originality in verse has been neglected is one of the most inexplicable things in the world. Admitting that there is little variety possible in pure rhythm, it is still evident that the possible varieties of meter and stanza are absolutely infinite—and yet, for centuries, no man has ever done, in versification, or even never seemed to want to do anything original. The fact is that originality (except in minds of quite unusual strength) is by no means, as some suppose, a matter of instinct or intuition. Generally, to find it, one must seek it laboriously, and, although it is a positive merit of the highest rank, it is less the spirit of invention than the spirit of negation which furnishes us with the means of reach it.

It goes without saying that I claim no originality in the rhythm or in the meter of The Raven. *The first is trochaic; the second consists of an acatalectic octometer verse, alternating with a catalectic heptameter, — which, repeated, becomes a refrain in the fifth verse — and ends with a catalectic tetrameter. To speak without pedantry, the feet employed, which are trochees, consist of a long syllable followed by a short one: the first line of the stanza is made up of eight feet of this nature; the second seven and a half; the third, eight; the fourth, seven and a half; the fifth, seven and a half also; the sixth, three and a half. Now, each of these lines, taken separately, has already been used, and all the originality of* The Raven *consists in having combined them in the same stanza; nothing even remotely resembling this combination has been attempted so far. The effect of this original combination is augmented by a few other unusual and absolutely new effects, drawn from a more extensive application of rhyme and alliteration.*

Le point suivant à considérer était le moyen de mettre en communication l'amant et le corbeau, et le premier degré de cette question était naturellement le *lieu*. Il semblerait que l'idée qui doit, en ce cas, se présenter d'elle-même, est une forêt ou une plaine ; mais il m'a toujours paru qu'un espace étroit et resserré est absolument nécessaire pour l'effet d'un incident isolé ; il lui donne l'énergie qu'un cadre ajoute à une peinture. Il a cet avantage moral incontestable de concentrer l'attention dans un petit espace, et cet avantage, cela va sans dire, ne doit pas être confondu avec celui qu'on peut tirer de la simple unité de lieu.

Je résolus donc de placer l'amant dans sa chambre, — dans une chambre sanctifiée pour lui par les souvenirs de celle qui y a vécu. La chambre est représentée comme richement meublée, — et cela est en vue de satisfaire aux idées que j'ai déjà expliquées au sujet de la Beauté, comme étant la seule véritable thèse de la Poésie.

Le lieu ainsi déterminé, il fallait maintenant introduire l'oiseau, et l'idée de le faire entrer par la fenêtre était inévitable. Que l'amant suppose, d'abord, que le battement des ailes de l'oiseau contre le volet est un coup frappé à sa porte, c'est une idée qui est née de mon désir d'accroître, en la faisant attendre, la curiosité du lecteur, et aussi de placer l'effet incidentel de la porte ouverte toute grande par l'amant, qui ne trouve que ténèbres, et qui dès lors peut adopter, en partie, l'idée fantastique que c'est l'esprit de sa maîtresse qui est venu frapper à sa porte.

J'ai fait la nuit tempêtueuse, d'abord pour expliquer ce corbeau cherchant l'hospitalité, ensuite pour créer l'effet du contraste avec la tranquillité matérielle de la chambre.

De même j'ai fait aborder l'oiseau sur le buste de *Pallas* pour créer le contraste entre le marbre et le plumage ; on devine que l'idée du buste a été suggérée uniquement par l'oiseau ; le buste de *Pallas* a été choisi d'abord à cause de son rapport intime avec l'érudition de l'amant, et ensuite à cause de la sonorité même du mot *Pallas*.

The next point to be considered was the means of bringing the lover and the raven into communication, and the first degree of this question was naturally the place. *It would seem that the idea which must, in this case, present itself, is a forest or a plain; but it has always seemed to me that a narrow and constricted space is absolutely necessary for the effect of an isolated incident; it gives it the energy that a frame adds to a painting. It has this undeniable moral advantage of concentrating attention in a small space, and this advantage, it goes without saying, should not be confused with that which can be drawn from the simple unity of place.*

I therefore resolved to place the lover in his chamber—in a chamber sanctified for him by the memories of her who lived there. The room is represented as richly furnished — and this is in order to satisfy the ideas which I have already explained concerning Beauty, as being the only true thesis of Poetry.

The place thus determined, it was now necessary to introduce the bird, and the idea of bringing it in through the window was inevitable. That the lover supposes, first of all, that the beating of the bird's wings against the shutter is a knock at his door, is an idea which was born from my desire to increase, by making her wait, the curiosity of the reader, and also to place the incidental effect of the door opened wide by the lover, who finds only darkness, and who therefore can adopt, in part, the fantastic idea that it is the spirit of his mistress who came knocking at his door.

I made the stormy night, first to explain this raven seeking hospitality, then to create the effect of contrast with the material tranquility of the room.

Likewise I had the bird on the bust of Pallas *approached to create the contrast between the marble and the plumage; we guess that the idea of the bust was suggested only by the bird; the bust of* Pallas *was chosen first because of its intimate connection with the erudition of the lover, and then because of the very sonority of the word* Pallas.

Vers le milieu du poëme, j'ai également profité de la force du contraste dans le but de creuser l'impression finale. Ainsi j'ai donné à l'entrée du corbeau une allure fantastique, approchant même du comique, autant du moins que le sujet le pouvait admettre. Il entre *avec un tumultueux battement d'ailes.*

« *Il ne fit pas la moindre révérence ;* il ne s'arrêta pas, il n'hésita pas une minute ; mais, *avec la mine d'un lord ou d'une lady,* il se percha au-dessus de la porte de ma chambre… »

Dans les deux stances qui suivent, le dessein devient même plus manifeste :

« Alors cet oiseau d'ébène, *par la gravité de son maintien et la sévérité de sa physionomie,* induisant ma triste imagination à sourire : « Bien que ta tête, — lui dis-je, — soit *sans huppe et sans cimier,* tu n'es certes pas un poltron, lugubre et ancien corbeau, voyageur parti des rivages de la Nuit. Dis-moi quel est ton nom seigneurial aux rivages de la Nuit plutonienne ! » Le corbeau dit : « Jamais plus ! »

« Je fus émerveillé que *ce disgracieux volatile* entendît si facilement la parole, bien que sa réponse n'eût pas un bien grand sens et ne me fût pas d'un grand secours ; car nous devons convenir que jamais *il ne fut donné* à un homme vivant *de voir un oiseau au-dessus de la porte de sa chambre, un oiseau ou une bête sur un buste sculpté au-dessus de la porte de sa chambre* se nommant d'un nom tel que Jamais plus. »

Ayant ainsi préparé l'effet du dénoûment, j'abandonne immédiatement le ton fantastique pour celui du sérieux le plus profond : ce changement de ton commence avec le premier vers de la stance qui suit la dernière citée :

« Mais le corbeau, perché solitairement sur le buste placide, ne proféra, etc. »

Towards the middle of the poem, I also took advantage of the strength of the contrast in order to deepen the final impression. So I gave the raven's entrance a fantastic allure, even approaching the comic, at least as much as the subject could admit. He enters with many a flirt and flutter.

« Not the least obeisance made he; *not an instant stopped or stayed he;*
But, with mien of lord or lady, *perched above my chamber door »*

In the two stanzas that follow, the purpose becomes even more manifest:

"Then this ebony bird beguiling my sad fancy into smiling,
By the grave and stern decorum of the countenance it wore,
"Though thy crest be shorn and shaven, *thou," I said, "art sure no craven,*
Ghastly grim and ancient raven wandering from the Nightly shore—
Tell me what thy lordly name is on the Night's Plutonian shore!"
Quoth the raven, "Nevermore.""

"Much I marvelled this ungainly fowl *to hear discourse so plainly,*
Though its answer little meaning—little relevancy bore;
For we cannot help agreeing that no living human being
Ever yet was blessed *with* seeing bird above his chamber door—
Bird or beast upon the sculptured bust above his chamber door,
With such name as "Nevermore.""

Having thus prepared the effect of the denouement, I immediately abandon the fantastic tone for that of the deepest seriousness: this change of tone begins with the first line of the stanza following the last quoted:

"But the raven, sitting lonely on the placid bust, spoke only..."

À partir de cet instant, l'amant ne plaisante plus ; il ne voit même plus rien de fantastique dans la conduite de l'oiseau. Il parle de lui comme d'un *triste, disgracieux, sinistre, maigre et augural oiseau des anciens jours,* et il sent les *yeux ardents* qui le brûlent *jusqu'au fond du cœur.* Cette évolution de pensée, cette imagination dans l'amant, a pour but d'en préparer une analogue dans le lecteur, d'amener l'esprit dans une situation favorable pour le *dénoûment,* qui maintenant va venir aussi rapidement et aussi *directement* que possible.

Avec le dénoûment proprement dit, exprimé par le Jamais plus du corbeau, réponse lancée à la question finale de l'amant, — s'il retrouvera sa maîtresse dans un autre monde ? — le poëme, dans sa phase la plus claire, la plus naturelle, celle d'un simple récit, peut être considéré comme fini. Jusqu'à présent, chaque chose est restée dans les limites de l'explicable, du réel. Un corbeau a appris par routine le seul mot Jamais plus, et, ayant échappé à la surveillance de son propriétaire, est réduit, à minuit, par la violence de la tempête, à demander un refuge à une fenêtre où brille encore une lumière, la fenêtre d'un étudiant plongé à moitié dans ses livres, à moitié dans les souvenirs d'une bien-aimée défunte. La fenêtre étant ouverte au battement des ailes de l'oiseau, celui-ci va se percher sur l'endroit le plus convenable hors de la portée immédiate de l'étudiant, qui, s'amusant de l'incident et de la bizarre conduite du visiteur, lui demande son nom en manière de plaisanterie et sans s'attendre à une réponse. Le corbeau, interrogé, répond par son mot habituel Jamais plus, — mot qui trouve immédiatement un écho mélancolique dans le cœur de l'étudiant ; et celui-ci, exprimant tout haut les pensées qui lui sont suggérées par la circonstance, est frappé de nouveau par la répétition du Jamais plus. L'étudiant se livre aux conjectures que lui inspire le cas présent ; mais il est poussé bientôt par l'ardeur du cœur humain à se torturer soi-même, et aussi, par une sorte de superstition, à proposer à l'oiseau des questions choisies de telle sorte, que la réponse attendue, l'intolérable Jamais plus, doit lui apporter, à lui, l'amant solitaire, la plus affreuse moisson de douleurs. C'est dans cet amour du cœur pour sa torture, poussé à la dernière limite, que le récit, dans ce que j'ai appelé sa première phase, sa phase naturelle,

From this moment, the lover no longer jokes; he no longer even sees anything fantastic in the behavior of the bird. He speaks of him as a grim, ungainly, ghastly, gaunt, and ominous bird of yore, *and he feels the* fiery eyes *that burn him* into his bosom's core. *This evolution of thought, this imagination in the lover, is intended to prepare an analogous one in the reader, to bring the mind into a favorable situation for the* denouement, *which will now come as quickly and as* directly *as possible.*

With the denouement proper, expressed by the raven's Nevermore, a launched answer to the lover's final question, - if he will find his mistress in another world? — the poem, in its clearest, most natural phase, that of a simple narrative, can be considered finished. Until now, everything has remained within the limits of the explainable, of the real. A raven has routinely learned the single word Nevermore, and, having escaped the watch of its owner, is reduced, at midnight, by the violence of the storm, to seeking refuge at a window where a light still shines, the window of a student half immersed in his books, half in the memories of a deceased beloved. The window being open at the flapping of the bird's wings, it perched on the most suitable place out of the immediate reach of the student, who, amused by the incident and the bizarre behavior of the visitor, asks his name as a joke and without expecting an answer. The raven, questioned, replies with his usual word Nevermore,—a word which immediately finds a melancholy echo in the heart of the student; and the latter, expressing aloud the thoughts suggested to him by the circumstance, is again struck by the repetition of Nevermore. The student indulges in the conjectures inspired by the present case; but he is soon impelled by the ardor of the human heart to torture himself, and also, by a sort of superstition, to propose to the bird questions chosen in such a way that the expected answer, the intolerable Never more, must bring to him, the solitary lover, the most terrible harvest of sorrows. It is in this love of the heart for its torture, pushed to the limit that the story, in what I have called its first phase, its natural phase, finds its

trouve sa conclusion naturelle, et jusqu'ici rien ne s'est montré qui dépasse les limites de la réalité.

Mais, dans des sujets manœuvrés de cette façon, avec quelque habileté qu'ils le soient, avec quelque luxe d'incidents qu'on le suppose, il y a toujours une certaine âpreté, une nudité qui choque un œil d'artiste. Deux choses sont éternellement requises : l'une, une certaine somme de complexité, ou, plus proprement, de combinaison ; l'autre, une certaine quantité d'esprit suggestif, quelque chose comme un courant souterrain de pensée, non visible, indéfini. C'est cette dernière qualité qui donne à un ouvrage d'art cet air opulent, cette apparence *cossue* (pour tirer de la conversation journalière un terme efficace), que nous avons trop souvent la sottise de confondre avec l'idéal. C'est l'*excès* dans l'expression du *sens* qui ne doit être qu'*insinué*, c'est la manie de faire, du courant souterrain d'une œuvre, le courant visible et supérieur, qui change en prose, et en prose de la plus plate espèce, la prétendue poésie des soi-disant transcendantalistes.

Fort de ces opinions, j'ajoutai les deux stances qui ferment le poëme, leur qualité suggestive étant destinée à pénétrer tout le récit qui les précède. Le courant souterrain de la pensée se laisse voir pour la première fois dans ces vers :

« Arrache ton bec *de mon cœur,* et précipite ton spectre loin de ma porte ! » Le corbeau dit : « Jamais plus ! »

On remarquera que les mots *de mon cœur* renferment la première expression métaphorique du poëme. Ces mots, avec la réponse *Jamais plus*, disposent l'esprit à chercher un sens moral dans tout le récit développé antérieurement. Le lecteur commence dès lors à considérer le Corbeau comme emblématique ; — mais ce n'est que juste au dernier vers de la dernière stance qu'il lui est permis de voir distinctement l'intention de faire du Corbeau le symbole du *Souvenir funèbre et éternel* :

natural conclusion, and so far nothing has happened that exceeds the limits of reality.

But in subjects manipulated in this way, with however much skill they may be, with whatever luxury of incidents one imagines, there is always a certain harshness, a nudity which shocks the eye of an artist. Two things are eternally required: one, a certain amount of complexity, or, more properly, combination; the other, a certain quantity of suggestive spirit, something like a subterranean current of thought, unseen, indefinite. It is this last quality which gives to a work of art that opulent air, that opulent *appearance (to draw an efficient term from everyday conversation), which we are too often foolish enough to confuse with the ideal. It is the* excess *in the expression of* meaning *which should only be* insinuated, *it is the mania for making the underground current of a work the visible and superior current, which changes into prose, and into prose of the dullest kind, the so-called poetry of the so-called transcendentalists.*

Armed with these opinions, I added the two stanzas which close the poem, their suggestive quality being intended to penetrate the whole narrative which precedes them. The subterranean current of thought is seen for the first time in these verses:

"Take thy beak from out my heart, *and take thy form from off my door!"*
Quoth the raven, "Nevermore.""

It will be noticed that the words out my heart *contain the first metaphorical expression of the poem. These words, together with the answer* Nevermore, *dispose the mind to seek moral meaning in the entire narrative developed previously. The reader then begins to regard the Raven as emblematic; — but it is not until just in the last line of the last stanza that he is allowed to see distinctly the intention of making the Raven the symbol* of funeral and eternal Remembrance*:*

« Et le corbeau, immuable, est toujours installé, toujours installé sur le buste pâle de Pallas, juste au-dessus de la porte de ma chambre, et ses yeux ont toute la semblance des yeux d'un démon qui rêve ; et la lumière de la lampe, en ruisselant sur lui, projette son ombre sur le plancher ; et mon âme, *hors du cercle de cette ombre* qui gît flottante sur le plancher, ne pourra plus s'élever, — jamais plus ! »

C.B.

"And the raven, never flitting, still is sitting, still is sitting
On the pallid bust of Pallas just above my chamber door;
And his eyes have all the seeming of a demon's that is dreaming,
And the lamplight
o'er him streaming throws his shadow on the
floor;
And my soul from out that shadow *that lies floating on the floor*
Shall be lifted—nevermore!

www.ingramcontent.com/pod-product-compliance
Lightning Source LLC
LaVergne TN
LVHW040318200726
843493LV00014B/528

* 9 7 8 2 9 5 8 3 2 9 5 6 3 *